Patrick Rosenthal

DER REZEPT-ADVENTSKALENDER FÜR TEENIES

24 x easy und lecker

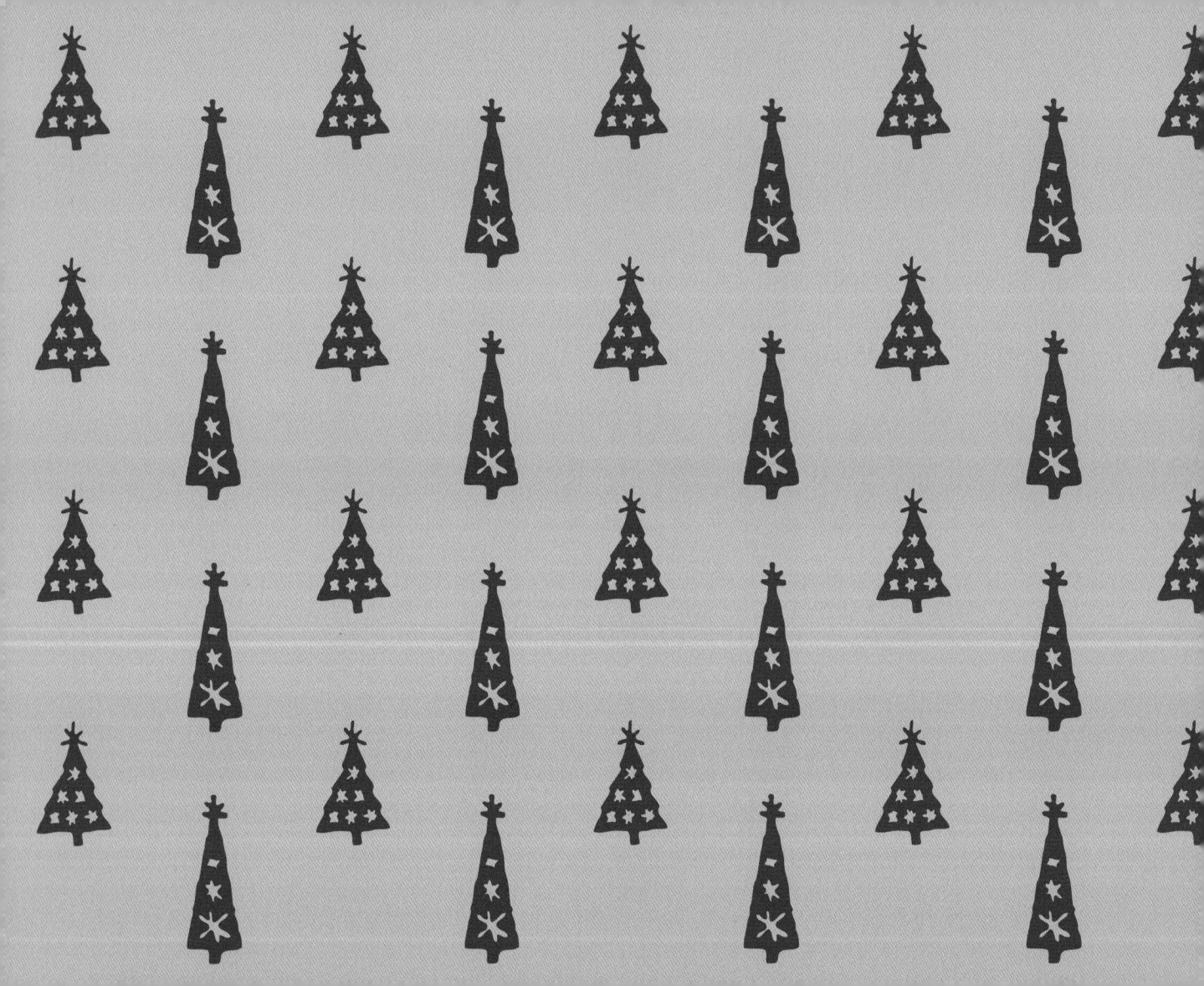

Ho, ho, ho! Weihnachten steht vor der Tür. Die perfekte Zeit, um entspannt mit einer Tasse Kakao einen Weihnachtsfilm zu schauen, mit Freund*innen auf dem Weihnachtsmarkt Mandeln zu knabbern oder mit der Familie bei einem leckeren Abendessen zusammenzusitzen. In diesem Adventskalender findest du jeden Tag eine neue leckere Überraschung, mit der du deine Familie und Freund*innen beeindrucken kannst und die Wartezeit auf das Fest verkürzt. Von süßen Plätzchen bis hin zu herzhaften Genüssen – so wird deine Adventszeit besonders cozy.

Bei aller weihnachtlichen Vorfreude gibt es ein paar Dinge, die du beachten solltest: Das verwendete Obst und Gemüse sollten natürlich vorher immer gewaschen werden. Bei allem, wo heißes Fett im Spiel ist, am besten immer eine*n Erwachsene*n zur Hilfe holen, denn heißes Fett ist nicht nur schnell entflammbar, sondern kann auch zu Verbrennungen führen. Und was sollte in keiner Küche fehlen? Ofenhandschuhe. Denn Backbleche, Kuchenformen und die Griffe eines Topfes können verdammt heiß werden.

Bei manchen Rezepten wird Schokolade in einem Wasserbad geschmolzen. Hierfür füllst du einen Topf mit Wasser und erhitzt es auf dem Herd. Das Wasser sollte jedoch nicht kochen, sondern lediglich heiß sein. Anschließend werden die Schokoladenstücke in einen hitzebeständigen Behälter (z. B. eine Schüssel) gegeben und so lange in das Wasserbad gestellt, bis die Schokolade geschmolzen ist.

Um die Seiten im Buch aufzutrennen, benötigst du eine Schere. Setze die Schere am Falz an und schneide dann vorsichtig von unten nach oben die Doppelseite auf. Du kannst den Adventskalender nach dem Öffnen als Koch- und Backbuch nutzen und es zu deinen anderen Büchern ins Regal stellen.

Viel Spaß beim Kochen, Backen und Genießen!

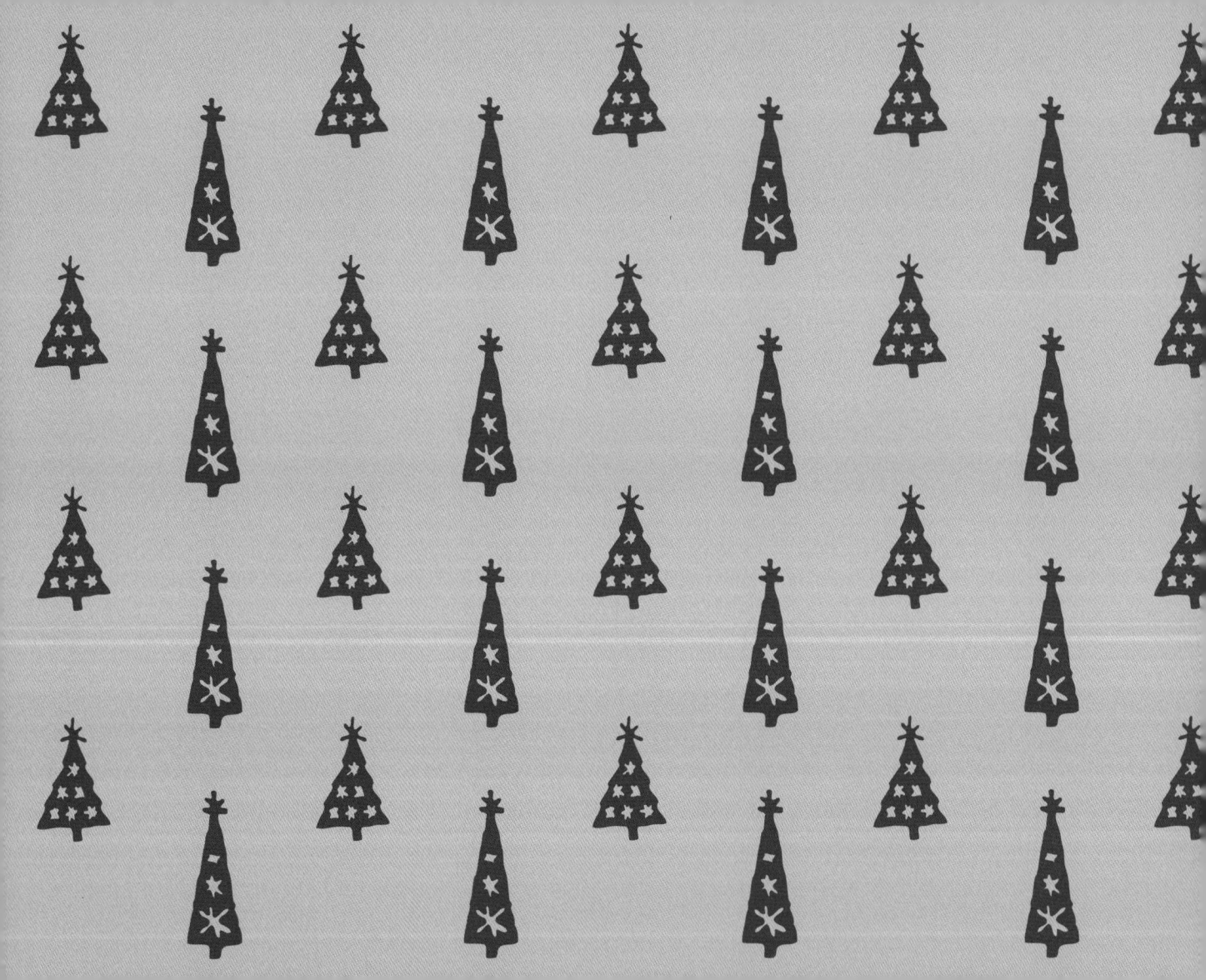

CANDY-CANE-CUPCAKES

ZUTATEN FÜR 1 MUFFINBLECH MIT 12 MULDEN

FÜR DEN TEIG

2 Eier
1 Prise Salz
150 g Zucker
150 ml Buttermilch
120 ml Speiseöl
Mark von 1 Vanilleschote
160 g Mehl
½ TL Backpulver
½ TL Natron
2 Zuckerstangen

FÜR DAS TOPPING

250 g Mascarpone
150 g Schmand
50 g Puderzucker
2 Zuckerstangen

🎄 Backofen auf 160 °C Umluft vorheizen und die Muffinformen mit Papierförmchen auslegen.

🎄 Eier, Salz, Zucker und Buttermilch in einer Schüssel mit dem Handmixer aufschlagen. Speiseöl und Vanillemark zugeben und verrühren.

🎄 Mehl in einer weiteren Schüssel mit Backpulver und Natron vermengen und in die Eiermischung einarbeiten.

🎄 Zuckerstangen grob hacken und unterheben.

🎄 Teig in die Muffinförmchen verteilen und 15–20 Minuten im Ofen backen, bis die Muffins goldbraun sind.

🎄 Aus dem Ofen nehmen und abkühlen lassen.

🎄 Für das Topping Mascarpone, Schmand und Puderzucker in einer Schüssel verrühren. In einen Spritzbeutel füllen und auf die abgekühlten Muffins spritzen.

🎄 Zuckerstangen zermahlen und Cupcakes damit bestreuen.

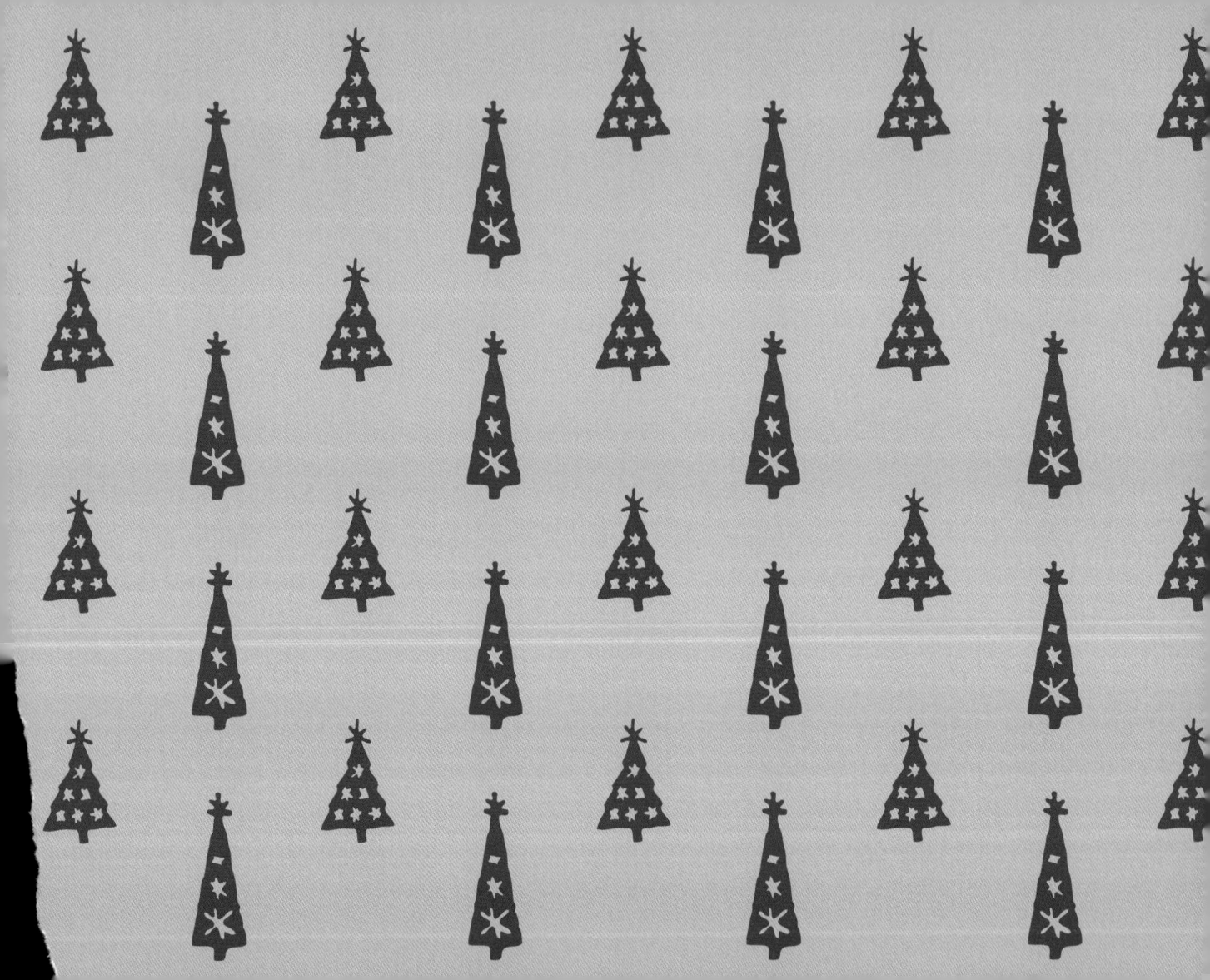

VEGANE MINI-CORNDOGS

150 g Mehl
100 g Maismehl
1 Prise Salz
1 Prise Zucker
50 g Apfelmus
1 EL Öl
1 ½ TL Trockenhefe
50 g Semmelbrösel
50 g gehackte Mandeln
6 vegane Würstchen
1 l Öl zum Frittieren

🎄 Mehl, Maismehl, Salz, Zucker, Apfelmus, Öl, Hefe und 150 ml lauwarmes Wasser in einer Schüssel verrühren, sodass ein glatter Teig entsteht. Abgedeckt 1 Stunde ruhen lassen.

🎄 Semmelbrösel und Mandeln in einer Schüssel vermengen.

🎄 Würstchen je nach Größe halbieren oder dritteln, auf Holzspieße stecken und in den Teig tauchen, dann in der Semmelbröselmischung wenden.

🎄 Öl in einem hohen Topf erhitzen und die Würstchen darin 5 Minuten goldbraun frittieren. Herausnehmen und etwas abtropfen lassen.

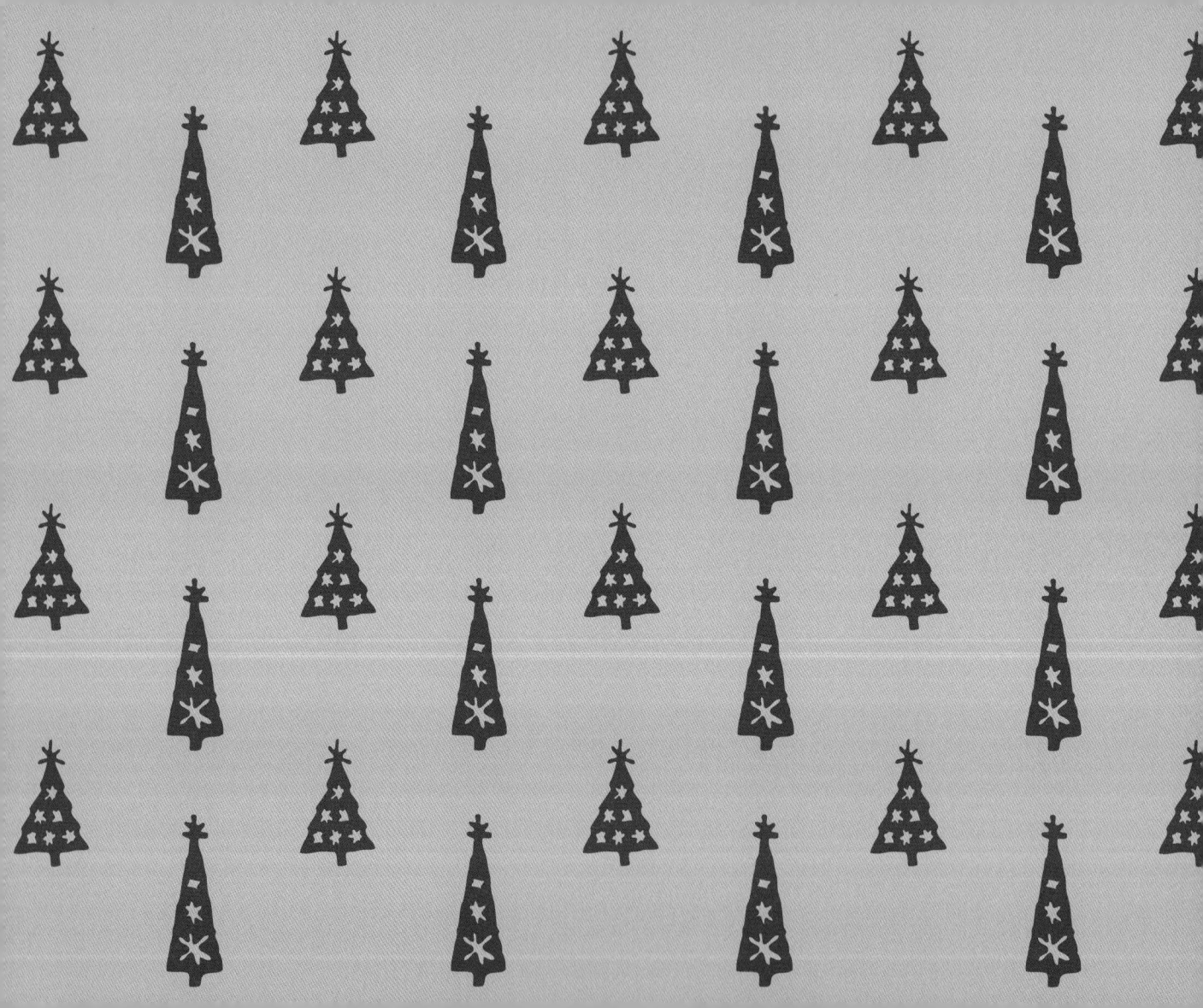

VEGANE SPAGHETTI CARBONARA

500 g Spaghetti
250 g Räuchertofu
4 Knoblauchzehen
2 EL Olivenöl
500 ml Hafersahne
3 TL Speisestärke
Salz, Pfeffer
1 TL Zucker

Spaghetti in einem Topf mit Salzwasser nach Packungsanweisung al dente kochen. Dann durch ein Sieb abseihen.

Räuchertofu in kleine Würfel schneiden. Knoblauch schälen und fein hacken.

Olivenöl in einer Pfanne erhitzen und die Tofuwürfel darin 5 Minuten rundherum anbraten.

Mit Hafersahne ablöschen.

Speisestärke in einer Tasse mit 100 ml Wasser verrühren und untermischen. Einmal aufkochen lassen.

Knoblauch zugeben. Mit Salz, Pfeffer und Zucker würzen.

Spaghetti in die Pfanne geben und unterheben.

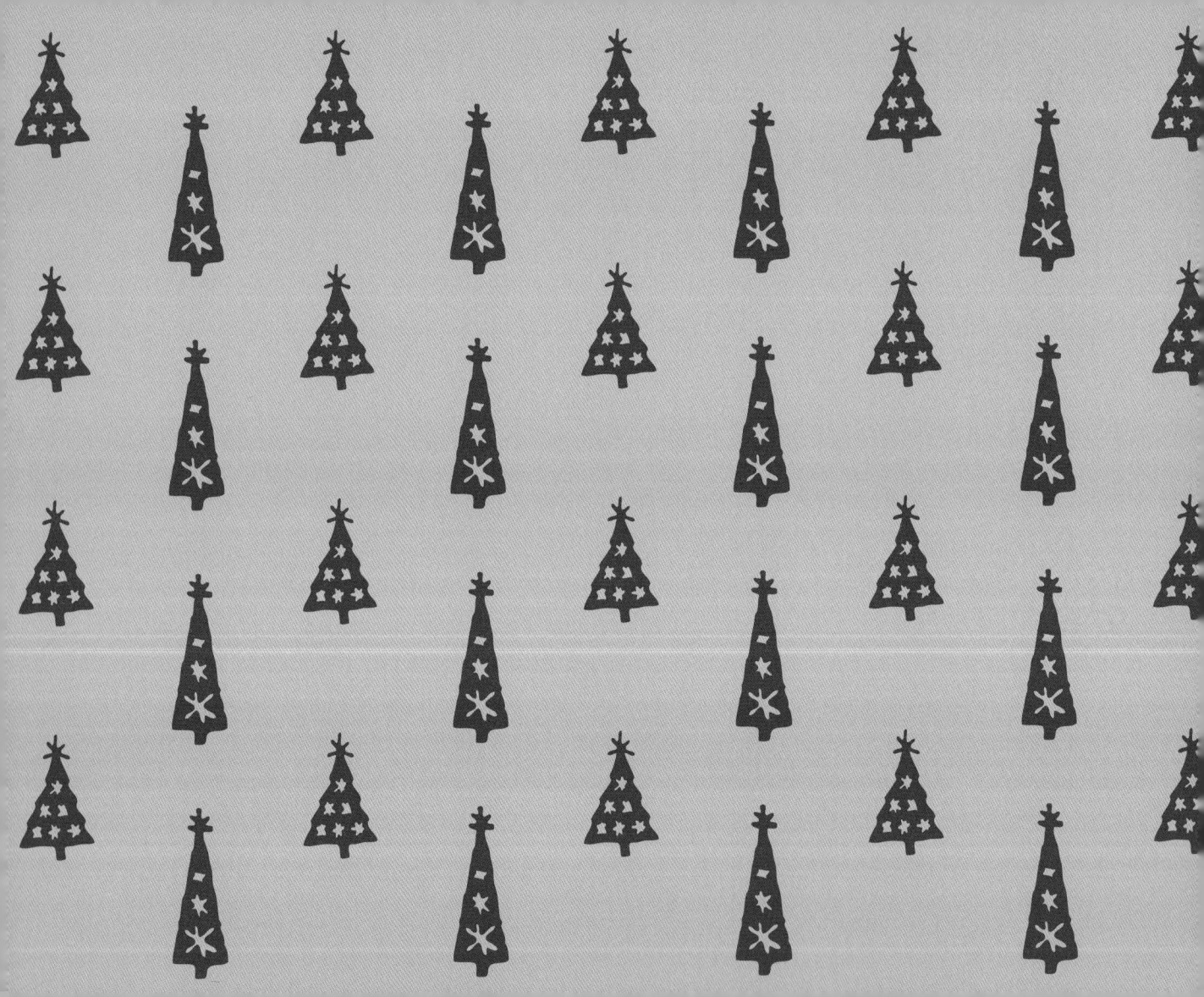

SCHOKOMANDELN

200 g ungeschälte Mandeln
60 g Schokolade
1 TL Lebkuchengewürz
5 EL Puderzucker

🎄 Backofen auf 180 °C Ober-/Unterhitze vorheizen.

🎄 Mandeln auf ein Backblech verteilen und 10 Minuten im Ofen rösten. Abkühlen lassen.

🎄 Schokolade über einem Wasserbad (siehe Seite 3) schmelzen lassen und das Lebkuchengewürz unterrühren.

🎄 Mandeln zugeben und gut verrühren, sodass sie komplett mit Schokolade überzogen sind. Puderzucker in eine Schüssel mit verschließbarem Deckel geben und die Mandeln hinzufügen. Deckel schließen und schütteln. Die Mandeln auf einem Backpapier vollständig auskühlen lassen.

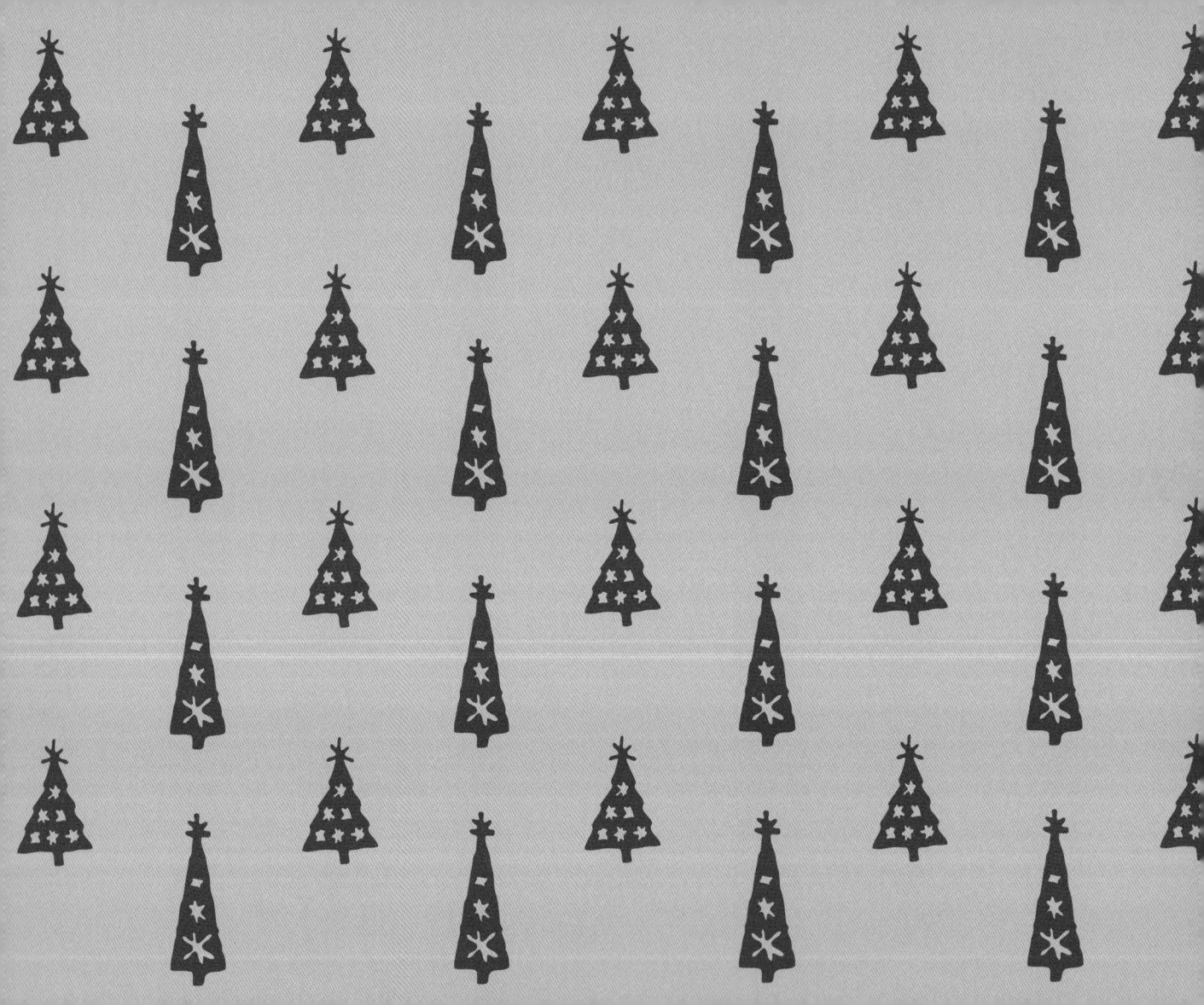

VEGETARISCHE WÜRSTCHENSUPPE

800 g Kartoffeln
300 g Karotten
2 Stangen Sellerie
1 kleine Zwiebel
1 Bund Petersilie
1 TL Butter
600 ml Gemüsebrühe
2 EL Crème fraîche
6 vegetarische Wiener Würstchen

Kartoffeln, Karotten und Sellerie putzen, waschen und in Stücke schneiden. Zwiebel schälen und grob würfeln. Petersilie waschen, trocken schütteln und hacken.

Butter in einem Topf erhitzen und die Zwiebelwürfel darin ganz kurz anschwitzen. Karotten und Kartoffeln dazugeben und 1 Minute anbraten.

Mit der Gemüsebrühe aufgießen, Sellerie zugeben und alles 15 Minuten bei geschlossenem Deckel köcheln lassen, bis das Gemüse weich ist.

Suppe mit einem Stabmixer pürieren und Créme fraÎche einrühren. Würstchen klein schneiden, in die Suppe geben und erhitzen. Am Ende die Petersilie unterrühren.

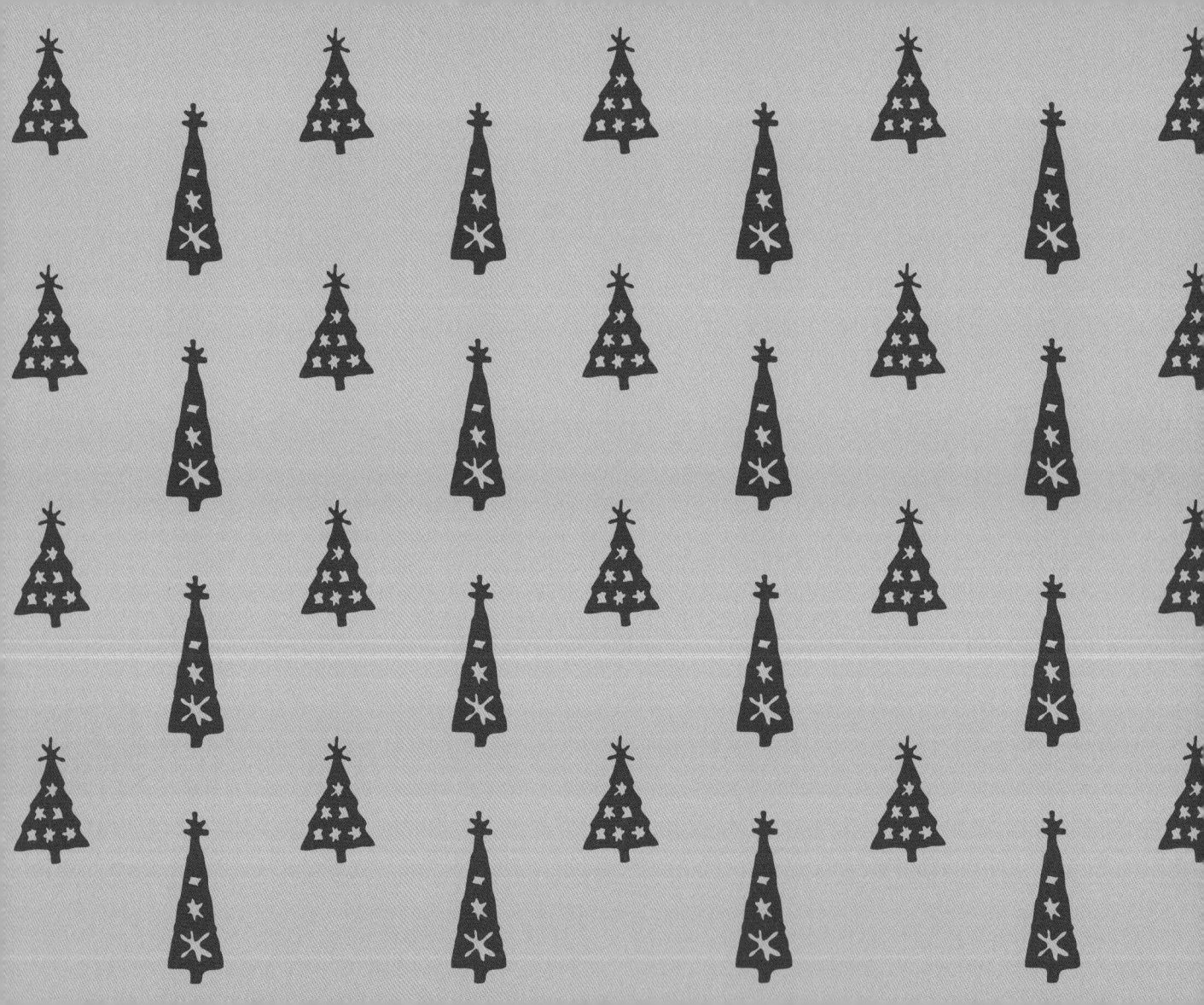

VANILLEKIPFERL

ZUTATEN FÜR CA. 70 STÜCK

300 g Mehl
125 g Zucker
2 Pck. Vanillezucker
3 Eigelb
250 g Butter
125 g gem. Mandeln, ohne Haut
100 g Puderzucker

🎄 Mehl, Zucker, 1 Pck. Vanillezucker und Eigelb in einer Schüssel mit dem Handmixer zu einem Teig verarbeiten.

🎄 Butter in Würfel schneiden und zusammen mit den Mandeln zur Mehlmischung geben und unterkneten. Teig 30 Minuten kalt stellen.

🎄 Backofen auf 180 °C Umluft vorheizen und ein Backblech mit Backpapier auslegen.

🎄 Portionsweise den Teig aus dem Kühlschrank nehmen und aus jeweils walnussgroßen Stücken Hörnchen formen und diese mit Abstand zueinander auf das Blech legen.

🎄 Kipferl 10 Minuten im Ofen backen.

🎄 In der Zwischenzeit Puderzucker und restlichen Vanillezucker vermengen und die noch warmen Kipferl vorsichtig darin wälzen.

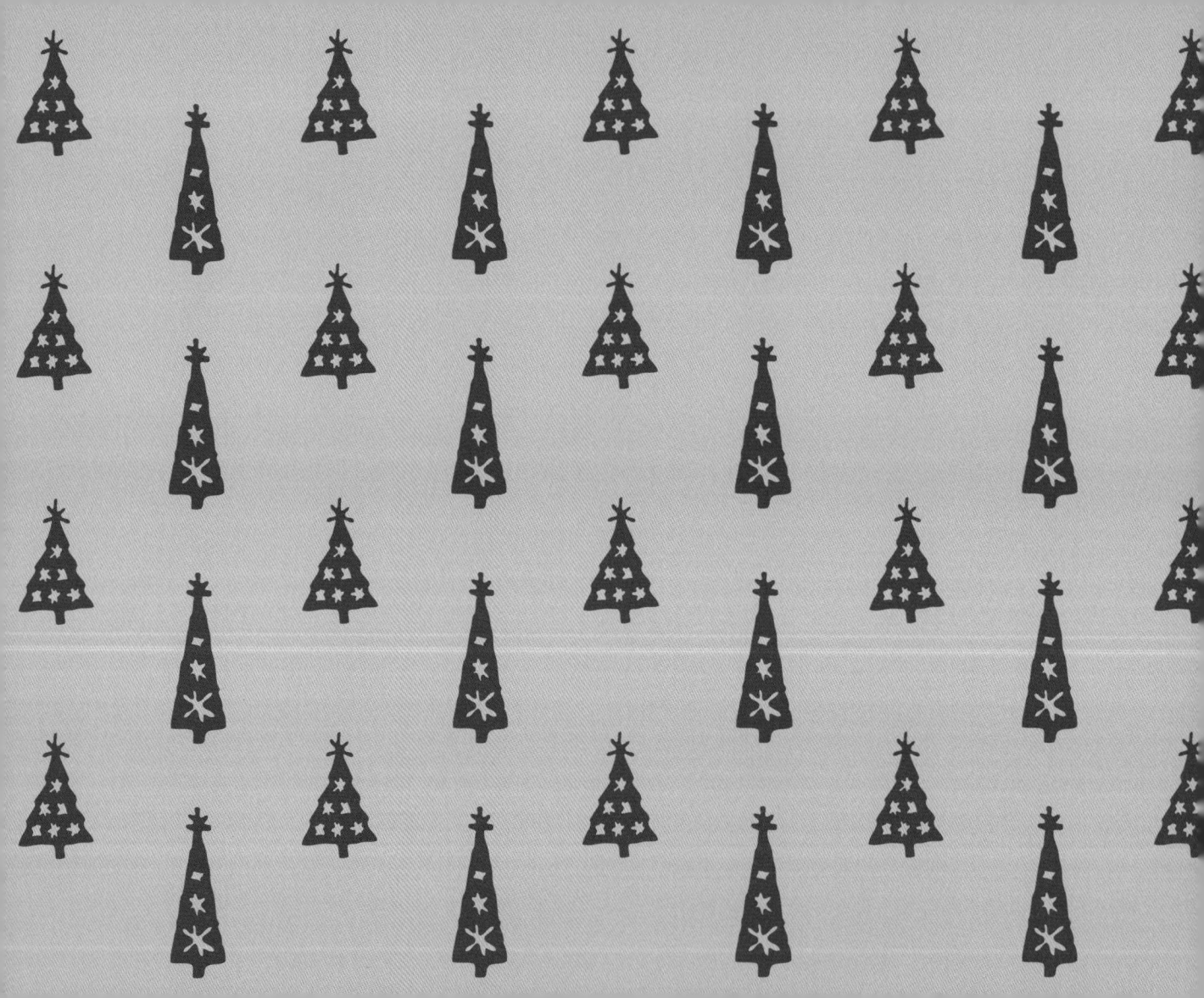

VEGANE MAC AND CHEESE

400 g Makkaroni
750 ml Sojadrink
60 g Cashewkerne
60 ml Olivenöl
2 Knoblauchzehen
50 g Mehl
120 g veganer geriebener Käse
3 EL Hefeflocken
2 TL Dijon-Senf
50 g Semmelbrösel
Salz, Pfeffer

🌲 Backofen auf 220 °C Ober-/Unterhitze vorheizen.

🌲 Pasta nach Packungsanweisung in einem Topf mit Salzwasser 1 Minute weniger als al dente kochen, dann durch ein Sieb abseihen und abtropfen lassen.

🌲 Sojadrink und Cashewkerne in einen Topf geben und unter Rühren 1 Minute kochen, dann 10 Minuten abkühlen lassen. Mischung in einen Standmixer umfüllen und pürieren.

🌲 40 ml Olivenöl in eine große ofenfeste Pfanne geben und bei mittlerer Hitze erwärmen. Knoblauch schälen, in die Pfanne pressen und in 2 Minuten goldbraun anbraten.

🌲 Mehl zugeben und mit einem Schneebesen gut verrühren, damit sich das Öl mit dem Mehl bindet, dann langsam unter Rühren die Cashew-Soja-Mischung zugeben und 2 Minuten köcheln lassen. Käse, Hefeflocken und Senf einrühren. Makkaroni unterheben.

🌲 Semmelbrösel in einer Schüssel mit dem restlichen Olivenöl und etwas Salz und Pfeffer vermengen und über die Makkaroni streuen. Auflauf im Backofen 3–5 Minuten backen, bis die Oberfläche schön knusprig ist.

KANDIS-CHAI-LATTE

ZUTATEN FÜR
2 PORTIONEN

250 ml Wasser
2 Teebeutel schwarzer Tee
½ TL gem. Ingwer
½ TL gem. Zimt
⅛ TL gem. Nelken
1 TL Vanilleextrakt
250 ml Milch
(alternativ: Pflanzendrink nach Wahl)
Weißer Kandis

🌲 Wasser in einen Topf geben und zusammen mit den Teebeuteln aufkochen lassen. Gewürze und Vanille zugeben und verrühren. Die Teebeutel entfernen und die Flüssigkeit für 3 Minuten köcheln lassen.

🌲 Die Milch erhitzen, aufschäumen und auf zwei Gläser verteilen. Mit dem heißen Tee aufgießen und weißen Kandis zugeben.

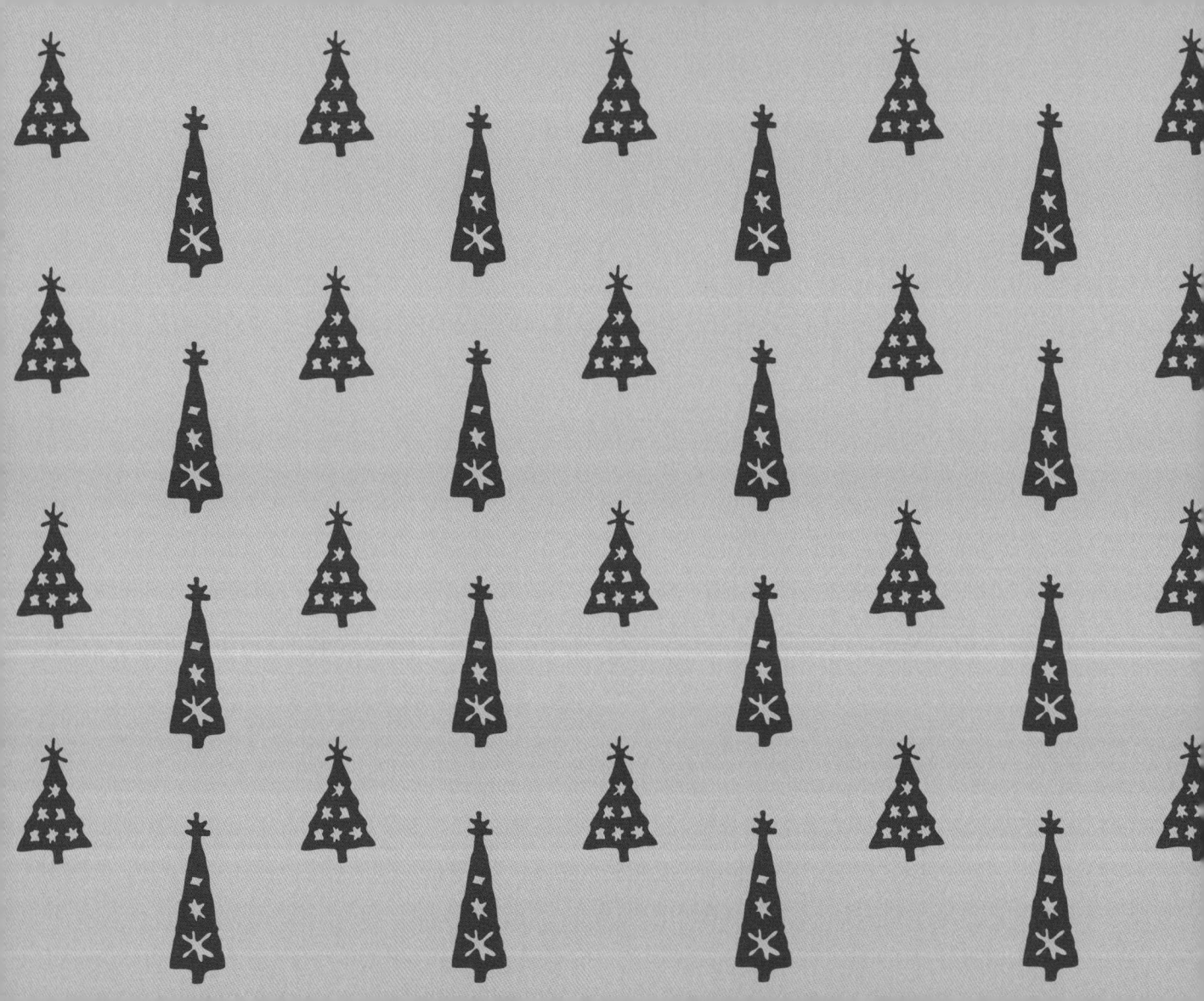

KARTOFFELSALAT MIT KRÄUTERBUTTER UND SPINAT

ZUTATEN FÜR
4 PORTIONEN

500 g festkochende Kartoffeln
2 Eier
80 g Kräuterbutter
10 kleine Cornichons
1 Glas getrocknete Tomaten
4–5 Radieschen
1 Bund Frühlingszwiebeln
40 g frischer Spinat
2 TL Weißweinessig
Salz, Pfeffer

 Die Kartoffeln schälen und in kleine, mundgerechte Stücke schneiden. In reichlich Salzwasser etwa 15–20 Minuten kochen, bis sie gar sind. Die Eier in reichlich Wasser in etwa 8 Minuten hart kochen und abschrecken.

Die Kartoffeln abgießen und 20 g Kräuterbutter hinzugeben. Alles vorsichtig vermengen. Eier schälen und genauso wie Cornichons, getrocknete Tomaten und Radieschen in kleine Stücke bzw. dünne Halbmonde schneiden. Frühlingszwiebeln waschen, putzen und in Ringe schneiden. Spinat waschen, trocken schütteln und grob hacken.

Die restliche Kräuterbutter schmelzen und den Essig hinzugeben. Das Gemüse damit vermengen und alles zu den Kartoffeln geben. Mit etwas Salz und Pfeffer abschmecken.

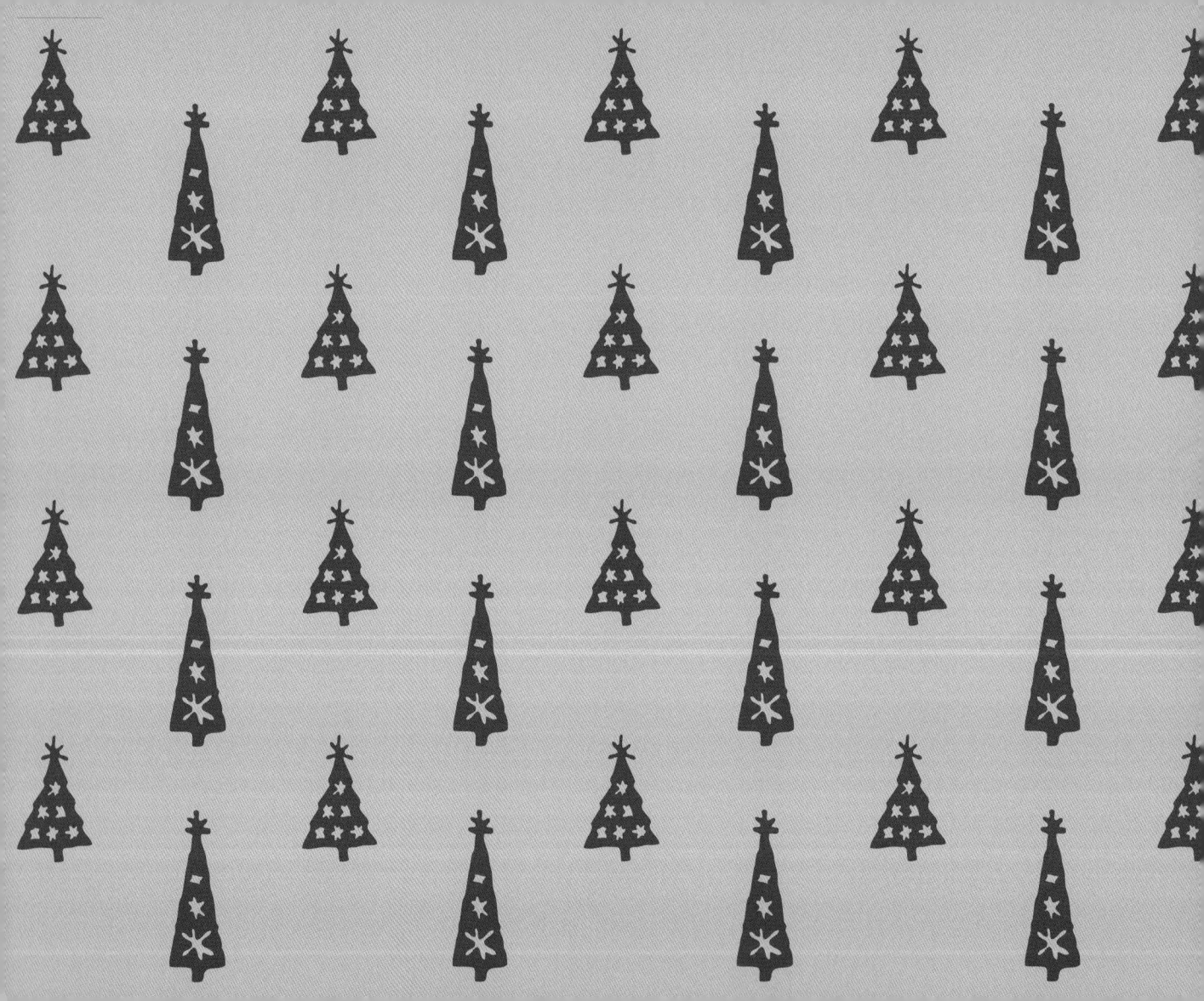

KOKOSMAKRONEN

ZUTATEN FÜR
CA. 30 STÜCK

4 Eiweiß
150 g Zucker
1 Pck. Vanillezucker
65 g Quark (20 %)
4 Tropfen Bittermandelaroma
200 g Kokosraspel
100 g Schokoguss

- Backofen auf 190 °C Umluft vorheizen und 2 Backbleche mit Backpapier auslegen.

- Das Eiweiß in einer Schüssel mit dem Handmixer zu steifem Schnee schlagen. Dabei nach und nach den Zucker und den Vanillezucker unterrühren.

- Quark und Bittermandelaroma vorsichtig unterrühren und zum Schluss die Kokosraspel unterheben.

- Mit 2 Teelöffeln Häufchen auf die Backbleche setzen und diese 9 Minuten im Ofen backen. Herausnehmen und auf einem Kuchengitter vollständig abkühlen lassen.

- Die Schokoladenglasur nach Packungsanweisung zubereiten und die erkalteten Makronen jeweils zur Hälfte in den Schokoguss tauchen.

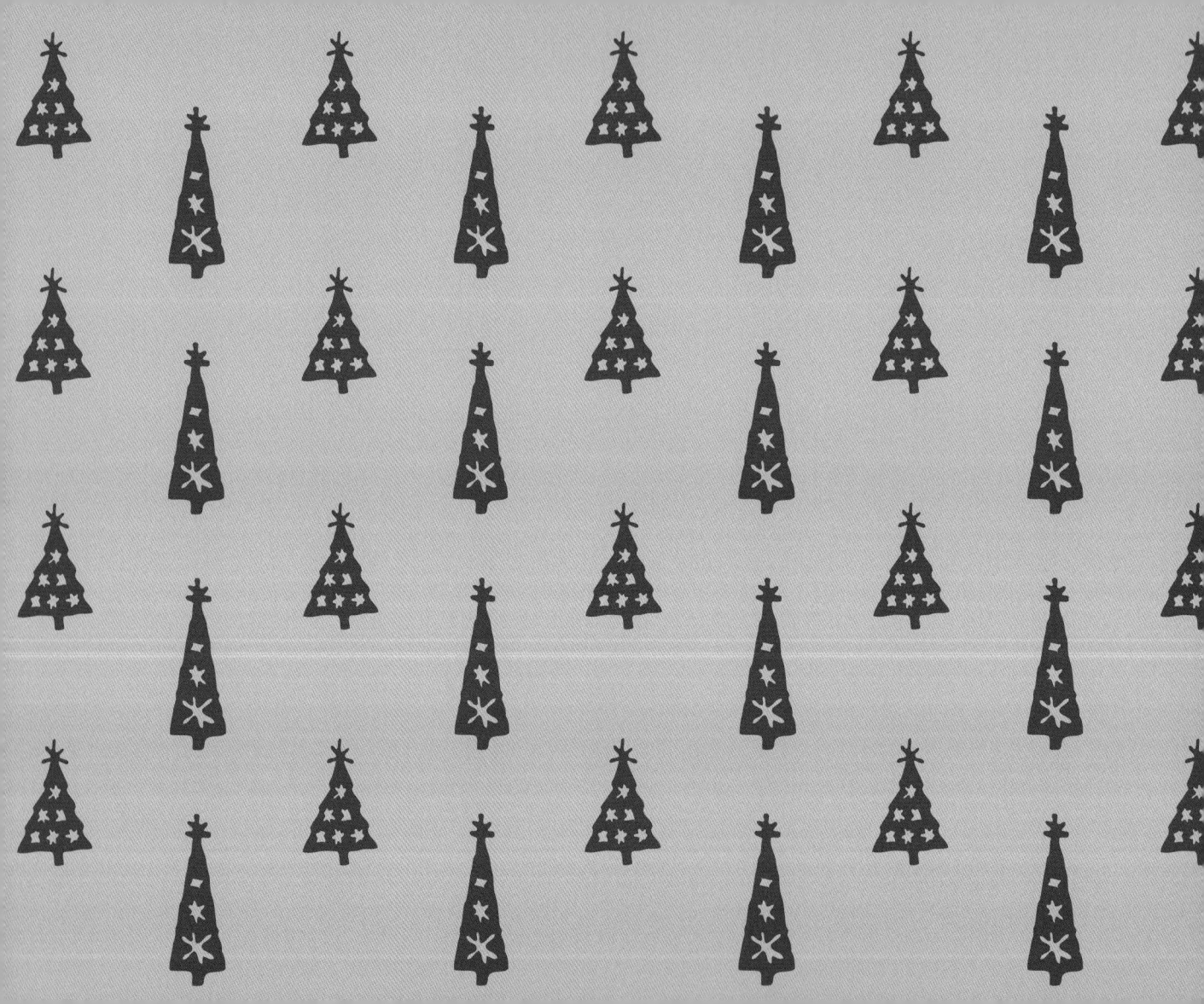

TIRAMISU CROFFLE

ZUTATEN FÜR
6 STÜCK

1 Rolle frischer Croissantteig
aus dem Kühlregal
Öl für das Waffeleisen
250 g Mascarpone
50 g Puderzucker
1 EL Backkakao

AUSSERDEM
Waffeleisen

🎄 Das Waffeleisen vorheizen und den Croissantteig aus der Verpackung nehmen. Croissants formen und im gefetteten Waffeleisen goldbraun backen.

🎄 Croissants entweder gleich so genießen oder Mascarpone und Puderzucker in einer Schüssel verrühren, in einen Spritzbeutel füllen und auf die lauwarmen Croffles spritzen.

🎄 Zum Schluss mit Kakao bestäuben.

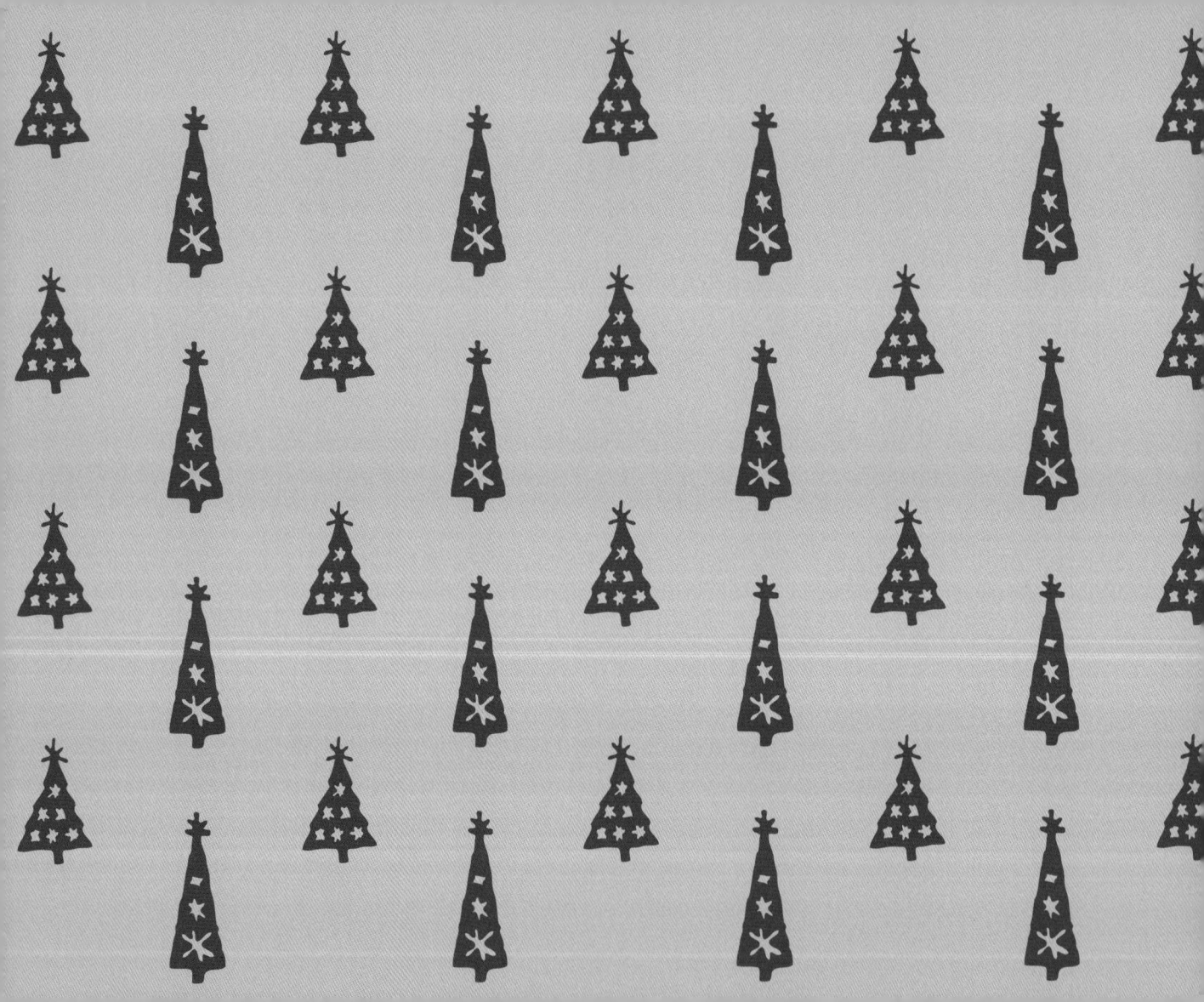

KARAMELLISIERTER ZIMTKUCHEN

ZUTATEN FÜR
1 KASTENFORM (30 X 12 CM)

600 g Mehl
30 g Speisestärke
1 Prise Salz
120 g + 10 EL Zucker
1 Pck. Backpulver
420 ml Milch
120 ml Sonnenblumenöl
3 Eier
2 TL Vanilleextrakt
2 EL Zimt

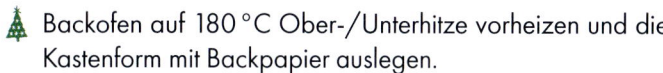

🎄 Backofen auf 180 °C Ober-/Unterhitze vorheizen und die Kastenform mit Backpapier auslegen.

🎄 Mehl, Speisestärke, Salz, 120 g Zucker und Backpulver in einer Schüssel vermengen.

🎄 Milch und Öl in einer Schüssel mit dem Handmixer verrühren, dann zur Mehlmischung geben und untermischen.

🎄 Eier nach und nach einarbeiten. Vanilleextrakt unterrühren.

🎄 Den restlichen Zucker in einer Schüssel mit dem Zimt vermengen.

🎄 ⅓ des Teigs in die Form füllen, glatt streichen und mit ⅓ des Zimtzuckers bestreuen.

🎄 Erneut ⅓ Teig darauf verteilen, mit ⅓ Zimtzucker bestreuen und diesen Vorgang nochmals wiederholen.

🎄 Kuchen im Ofen in 55 Minuten goldbraun backen.

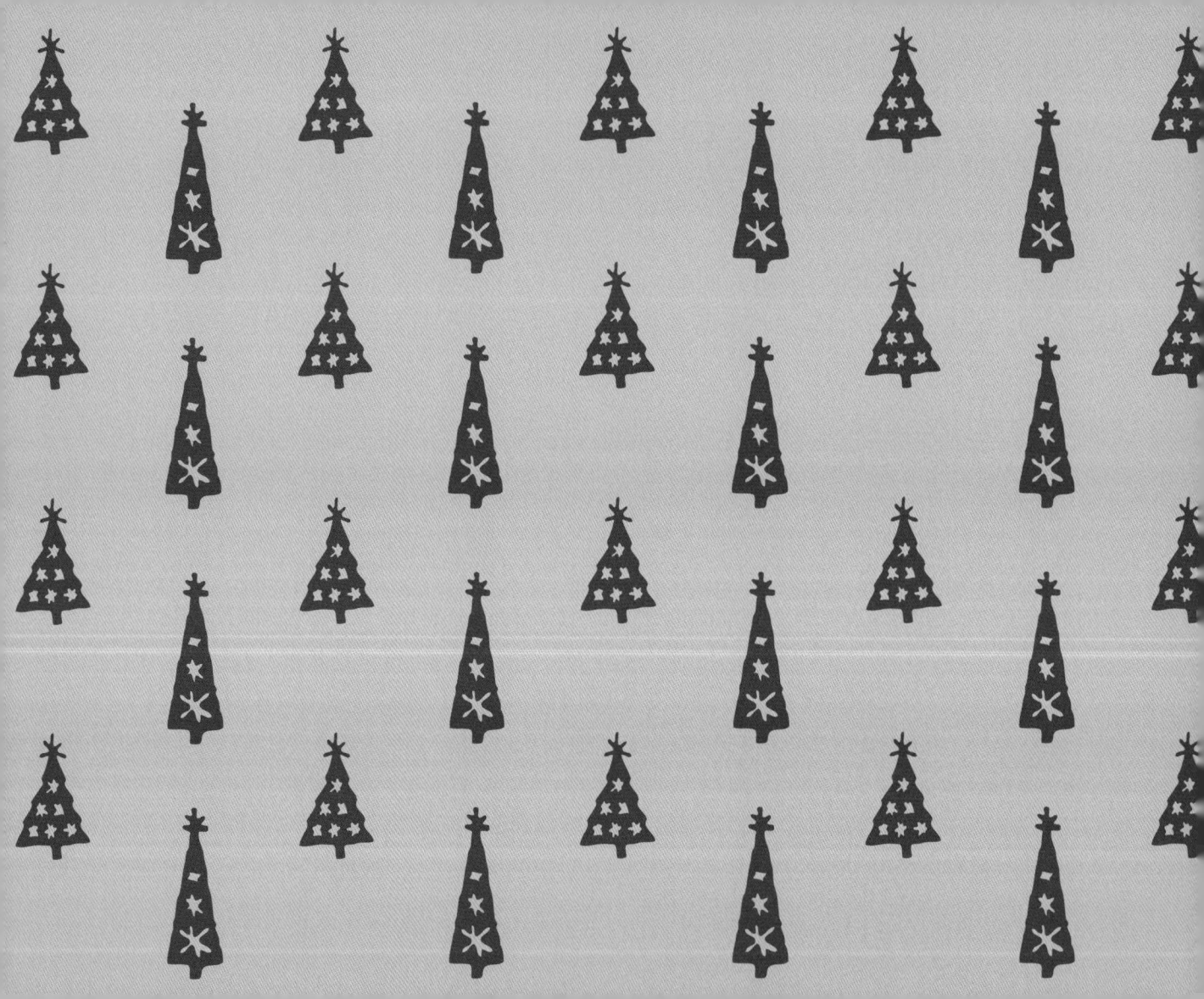

VEGETARISCHER HOT DOG IM BLÄTTERTEIG

1 Rolle frischer Blätterteig
aus dem Kühlregal
3 EL Senf
6 vegetarische Wiener Würstchen
1 Zwiebel
8 Scheiben Sandwichgurken
100 g geriebener Gouda
1 Eigelb

🎄 Backofen auf 180 °C Ober-/Unterhitze vorheizen.

🎄 Den Blätterteig entrollen und auf ein mit Backpapier ausgelegtes Backblech legen.

🎄 Senf auf dem Blätterteig verteilen. Würstchen in 2 Reihen mittig auf den Teig legen. Dabei an den kurzen Seiten 3 cm Platz lassen, an den langen Seiten ca. 10 cm.

🎄 Zwiebel schälen und fein hacken. Gurkenscheiben und Zwiebelwürfel auf den Würstchen verteilen und alles mit geriebenem Käse bestreuen.

🎄 Die Seiten alle 2 cm in Streifen schneiden. Kurzen Rand über die Würstchen legen und die seitlichen Streifen abwechselnd über die Füllung legen.

🎄 Eigelb in einer Tasse mit 1 EL Wasser verquirlen und den Teig damit bepinseln.

🎄 Hot Dogs im Ofen in 25 Minuten goldbraun backen, herausnehmen, etwas abkühlen lassen, in Streifen schneiden und servieren.

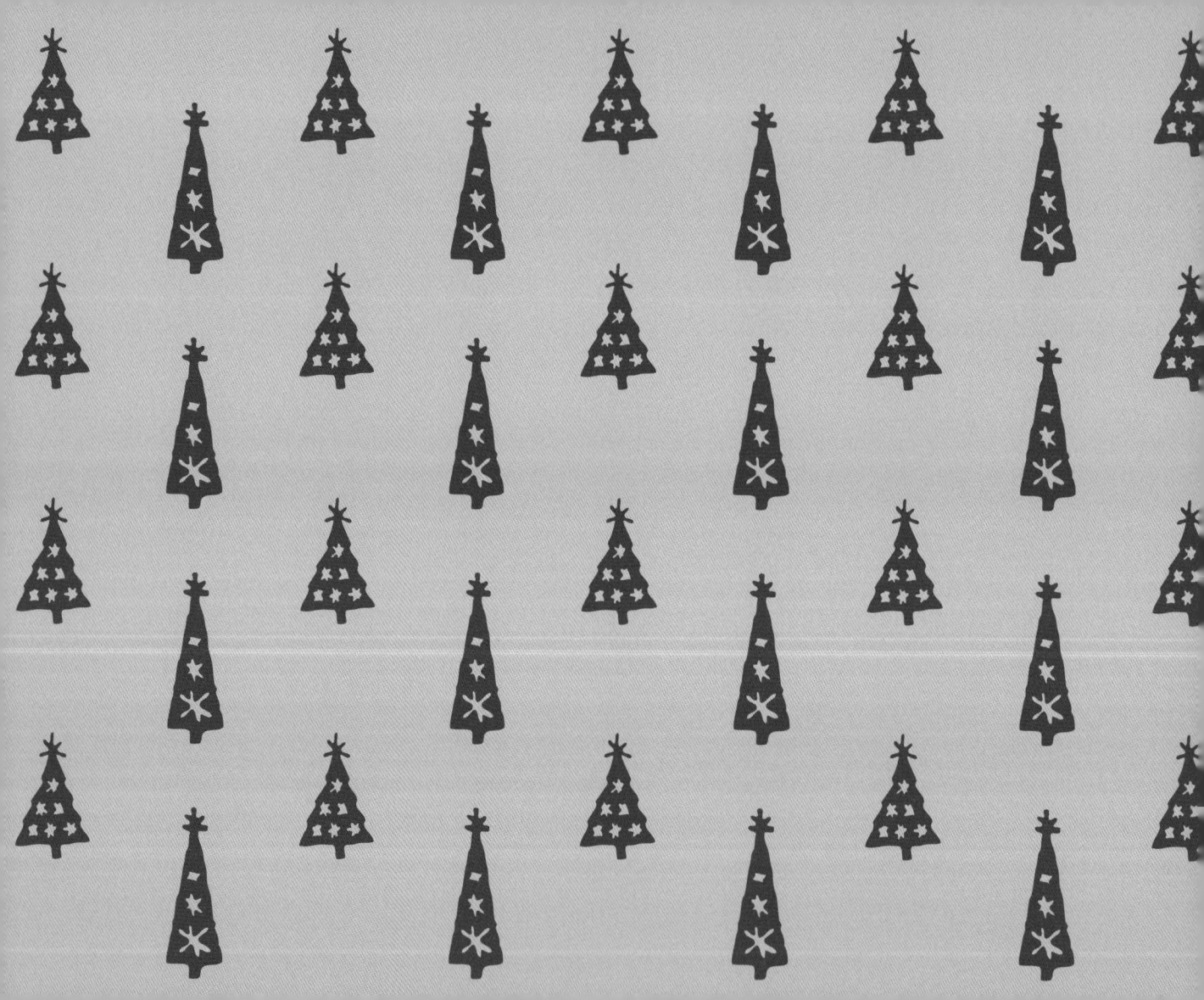

COOKIE-DOUGH-OVERNIGHT-OATS

150 g Haferflocken
3 EL gehackte Mandeln
3 EL Kakaonibs
3 EL Mandelmus
3 EL Ahornsirup
1 TL Vanilleextrakt
500 ml Mandeldrink

 Haferflocken, gehackte Mandeln und Kakaonibs in einer Schüssel vermengen.

Die restlichen Zutaten zugeben und vermischen.

Masse auf 2 Gläser aufteilen und abgedeckt über Nacht im Kühlschrank lagern.

LEBKUCHEN

6 Eier

400 g Zucker

2 TL Vanillezucker

240 g Haselnüsse

50 g Walnüsse

100 g Zitronat

100 g Orangeat

240 g gem. Haselnüsse

Abrieb von 1 Bio-Zitrone

Abrieb von 1 Bio-Orange

1 Pck. Lebkuchengewürz

36 runde Oblaten (Ø 7–8 cm)

400 g Vollmilch-,

Zartbitter und/oder

weiße Kuvertüre

🎄 In einer Schüssel Eier, Zucker und Vanillezucker schaumig rühren. Haselnüsse, Walnüsse, Zitronat und Orangeat fein hacken und mit Haselnüssen, Zitronen- und Orangenabrieb sowie dem Lebkuchengewürz vermischen. Unter die Eier-Zucker-Masse rühren. Die Mischung 24 Stunden abgedeckt in den Kühlschrank stellen.

🎄 Den Backofen auf 200 °C Ober-/Unterhitze vorheizen.

🎄 Ein Backblech mit Backpapier auslegen, die Backoblaten auf dem Blech verteilen und je 1 TL Teig auf die Oblaten geben, dabei etwas Platz zum Rand lassen. Die Lebkuchen 13–15 Minuten backen.

🎄 Auf einem Kuchengitter auskühlen lassen.

🎄 400 g Vollmilch-, Zartbitterschokolade und/oder weiße Kuvertüre in Stücke brechen. Kuvertüre über einem Wasserbad (siehe Seite 3) schmelzen und die Lebkuchen mit Kuvertüre verzieren.

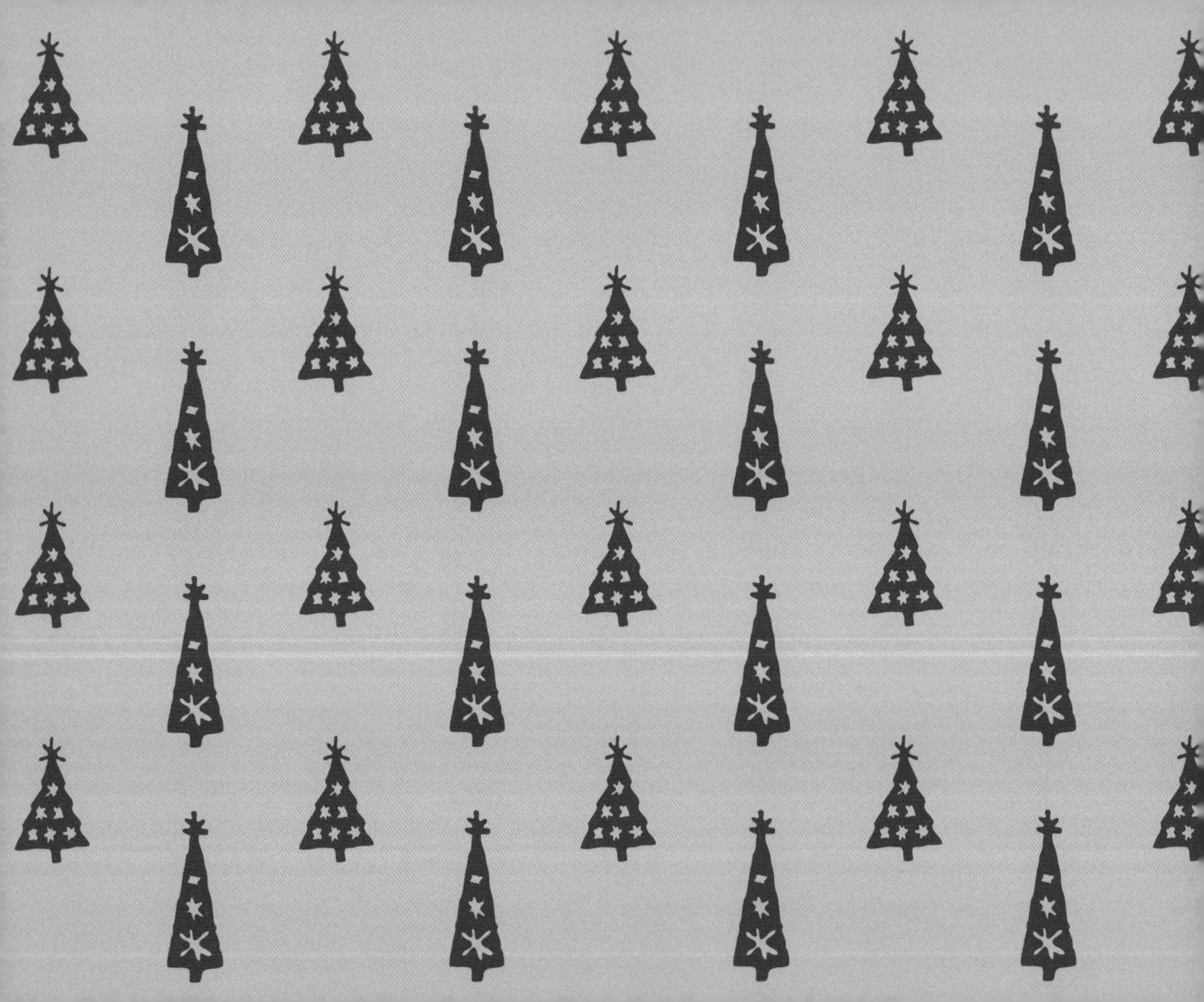

HIMBEER-TIRAMISU

300 g TK-Himbeeren
500 ml Sahne
500 g Mascarpone
5 TL Puderzucker
600 g Zitronenkuchen
300 g frische Himbeeren

Die TK-Himbeeren in einer Schüssel auftauen lassen, mit dem Stabmixer pürieren, durch ein Sieb abseihen und Soße auffangen.

Die Sahne in einer Schüssel mit dem elektrischen Handmixer steif schlagen. Mascarpone in einer weiteren Schüssel mit 4 TL Puderzucker verrühren, dann die Sahne unterheben.

¾ der Himbeersoße in eine Schüssel geben.

Den Kuchen in 1 ½ cm breite Scheiben schneiden und diese in die Himbeersoße tunken.

Den Boden der Auflaufform mit ein paar Kuchenscheiben bedecken. Die Hälfte der Mascarponecreme daraufgeben und glatt streichen. Die restlichen Kuchenscheiben darauflegen und die restliche Creme darüber verstreichen. Tiramisu mindestens 4 Stunden kühl stellen.

Vor dem Servieren mit frischen Himbeeren (gewaschen und verlesen), mit dem restlichen Puderzucker und der restlichen Soße garnieren.

APFEL-STREUSEL-MUFFINS

ZUTATEN FÜR
9 STÜCK

4 Äpfel
180 g Walnusskerne
2 TL Zimt
100 g brauner Zucker
1 EL Ahornsirup
300 g Mehl
1 Prise Salz
2 ½ TL Backpulver
180 g Zucker
120 ml Olivenöl
1 ½ TL Apfelessig

🎄 Äpfel schälen, entkernen und würfeln. Walnüsse grob hacken.

🎄 Für die Streusel die Hälfte der Äpfel in einer Schüssel mit 1 TL Zimt, Walnüssen, Zucker und Ahornsirup vermengen.

🎄 Backofen auf 180 °C Ober-/Unterhitze vorheizen und ein Muffinblech mit Papierförmchen auslegen.

🎄 Mehl in einer zweiten Schüssel mit Salz, Backpulver und dem restlichen Zimt vermischen.

🎄 Zucker, Öl, 50 ml Wasser und Essig in einer weiteren Schüssel verrühren. Mehlmischung zugeben und alles zu einem Teig verarbeiten. Restliche Apfelwürfel unterheben.

🎄 Papierförmchen mit dem Teig füllen und die Streusel darauf verteilen. Muffins 35 Minuten im Ofen backen.

SCHOKOBÄLLCHEN

ZUTATEN FÜR

CA. 25 STÜCK

100 g Vollmilchschokolade
50 g Zartbitterschokolade
125 g Butter, Zimmertemperatur
150 g Puderzucker
1 Prise Salz
50 g Kokosraspel
50 g weiße und dunkle Schokoraspel

🎄 Schokolade in eine hitzebeständige Schüssel geben und im heißen Wasserbad (siehe Seite 3) schmelzen.

🎄 Butter, Puderzucker und Salz in einer Schüssel mit dem Handmixer schaumig rühren. Esslöffelweise die flüssige Schokolade untermischen.

🎄 Masse mindestens 20 Minuten im Kühlschrank fest werden lassen.

🎄 Mit 1 Teelöffel kleine Stücke abstechen und zu Kugeln formen.

🎄 Kokos- und Schokoraspel jeweils auf Teller geben und die Kugeln darin wälzen.

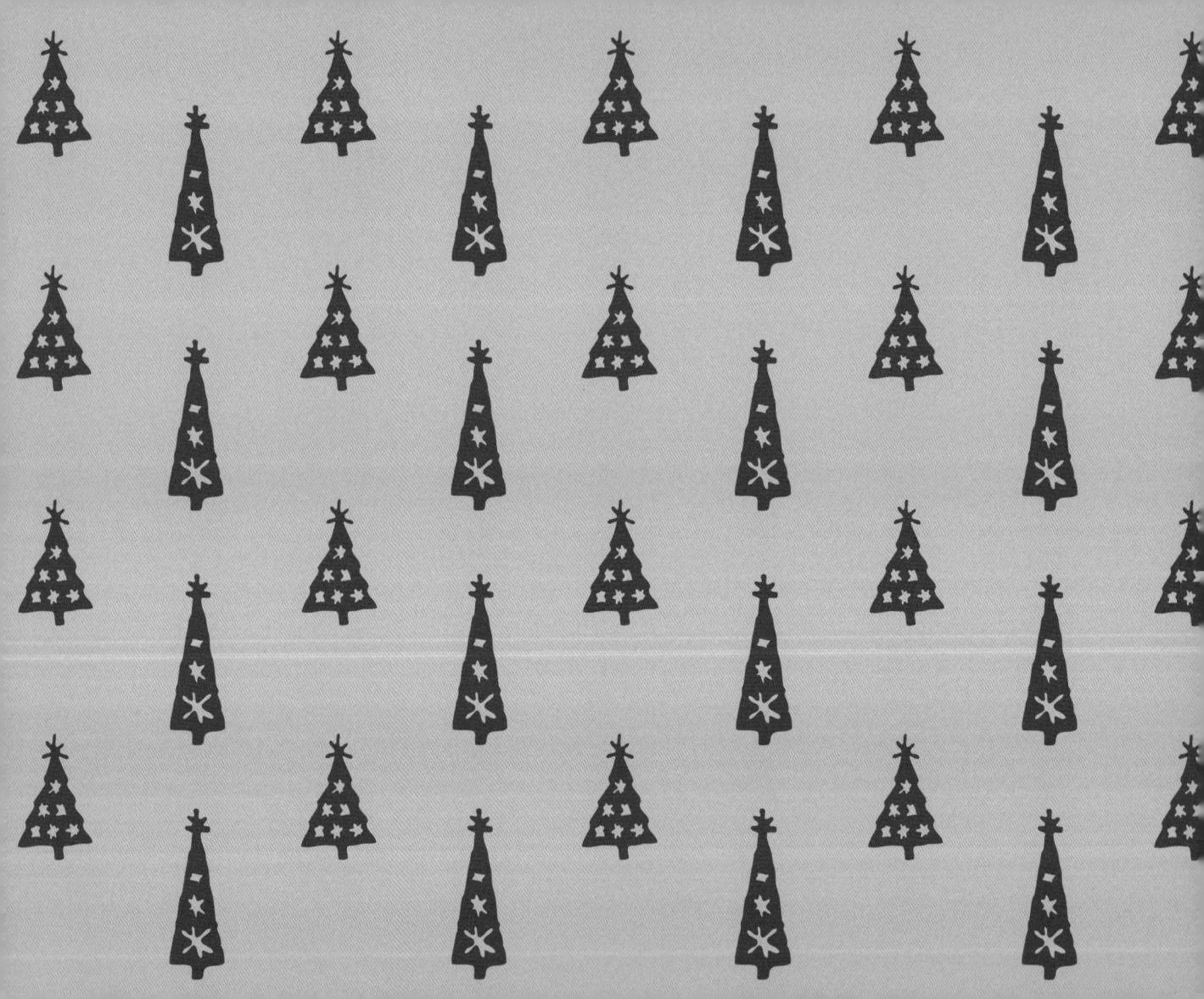

PESTO-SCHNECKEN

ZUTATEN FÜR
18–20 STÜCK

½ Bund frisches Basilikum
100 g veganes rotes Pesto
2 TL Tomatenmark
100 g veganes grünes Pesto
275 g veganer Blätterteig
aus dem Kühlregal
4 EL heller Sesam
Salz, Pfeffer

- Backofen auf 180 °C Ober-/Unterhitze vorheizen und ein Backblech mit Backpapier auslegen.
- Basilikum waschen, trocken schütteln und fein hacken.
- Das rote Pesto in einer Schüssel mit dem Tomatenmark verrühren. Das grüne Pesto in einer weiteren Schüssel mit dem Basilikum vermischen.
- Blätterteig aufrollen und in 3 lange Streifen schneiden.
- Auf jeden Streifen ein unterschiedliches Pesto streichen. Mit Sesam bestreuen.
- Die Teigstreifen von der kurzen Seite her aufrollen und dann in 1 cm breite Scheiben schneiden.
- Schnecken auf das Blech legen und 20–25 Minuten im Ofen backen.

LEBKUCHEN-SHAKE

400 ml Milch
5 Lebkuchen
2 Kugeln Vanilleeis
50 g geschlagene Sahne
Schokoladensoße

 Milch, Lebkuchen und Vanilleeis in einen Mixer geben und pürieren.

Shake in ein Glas füllen und mit Sahne und Schokoladensoße garnieren.

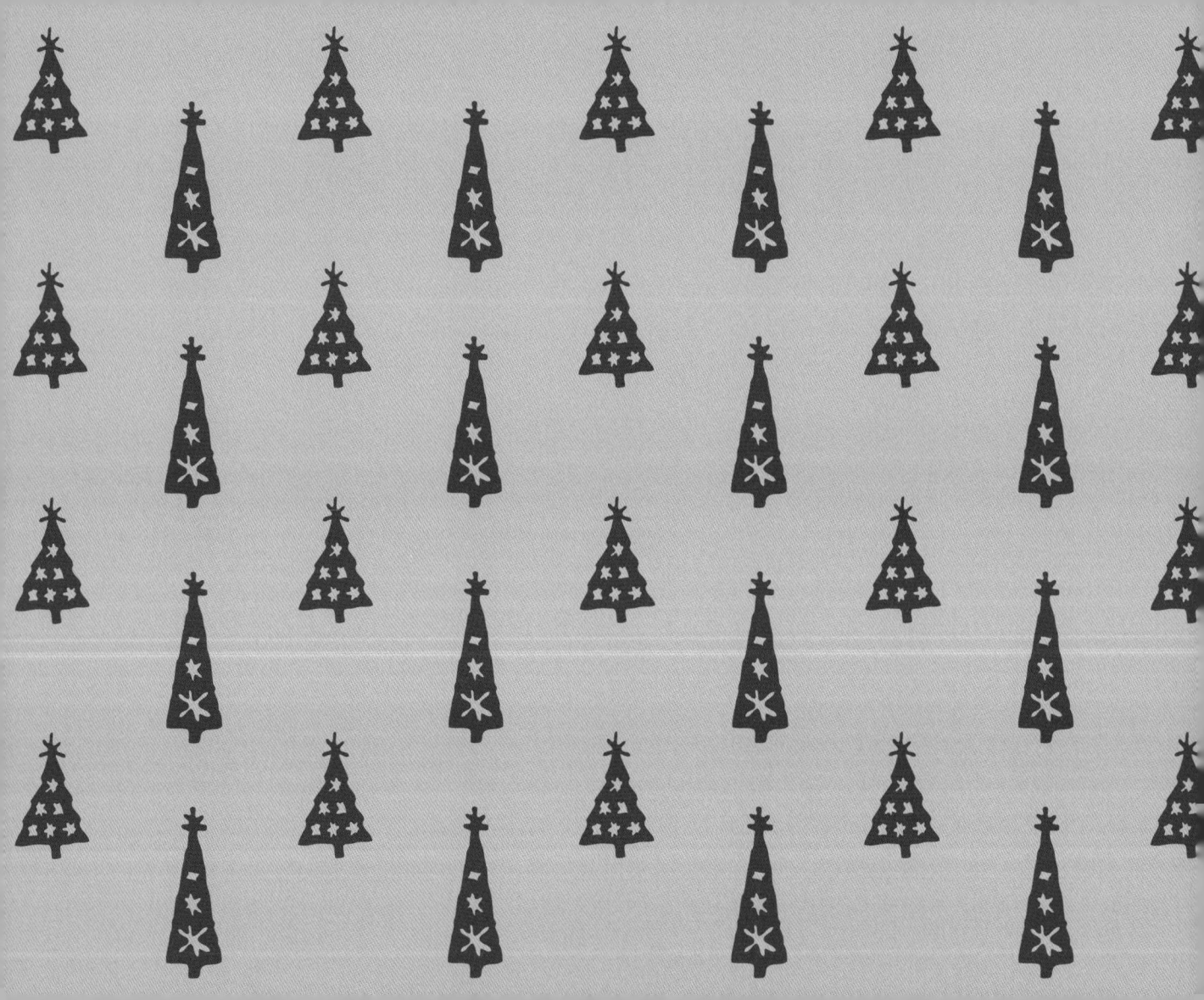

KAROTTENPIZZA

500 g Karotten
Salz, Pfeffer
1 Bund Frühlingszwiebeln
400 g veganer Schmand
1 Packung frischer veganer Blätterteig
(4 Scheiben) aus dem Kühlregal
150 g veganer Reibekäse

🎄 Backofen auf 220 °C Ober-/Unterhitze vorheizen und ein Backblech mit Backpapier auslegen.

🎄 Karotten putzen, schälen und schräg in 5 mm dicke Scheiben schneiden. In einer Schüssel mit 2 EL Wasser, ¼ TL Salz und ½ TL Pfeffer vermengen. Karotten auf dem Backblech verteilen und 10 Minuten backen.

🎄 Frühlingszwiebeln putzen, waschen und in feine Ringe schneiden.

🎄 Schmand in eine Schüssel geben, cremig rühren und mit Salz und Pfeffer würzen.

🎄 Blätterteigplatten auf das Backblech legen, mit dem Schmand bestreichen und mit Käse und Frühlingszwiebeln bestreuen.

🎄 Karotten darauf verteilen. Nacheinander die Pizzen aufs Backblech legen und 15 Minuten im Ofen backen.

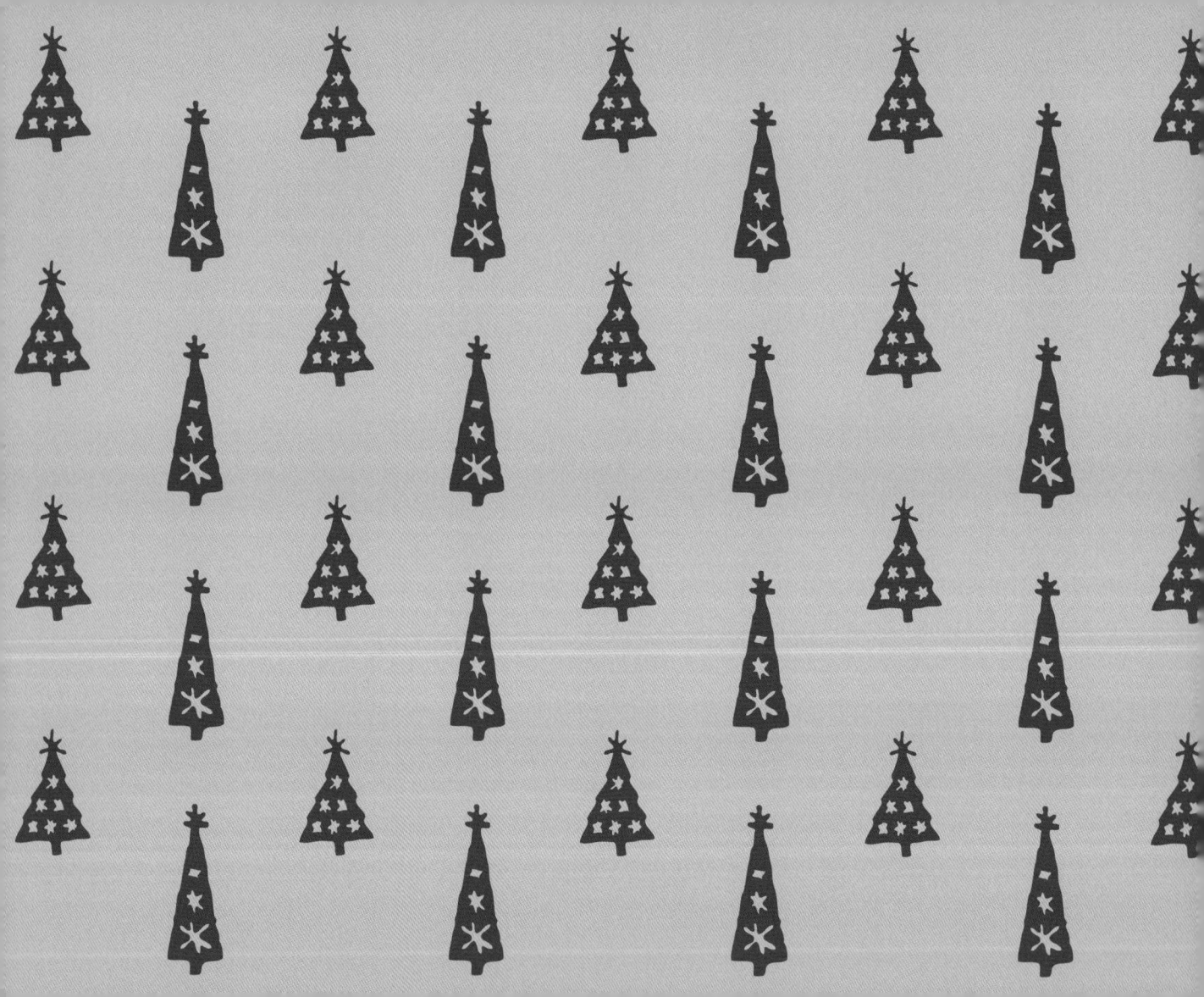

MANDELMILCHREIS

ZUTATEN FÜR 4 PORTIONEN

500 g Milch
(alternativ Mandeldrink)
1 Prise Salz
1 EL Mandelmus
110 g Milchreis
50 g gehackte Mandeln
200 g Sahne
50 g Vanillezucker
4 EL Kirschkompott

- In einem Topf Milch, Salz, Mandelmus und Milchreis nach Packungsanleitung garen und abkühlen lassen.
- Mandeln und Vanillezucker mischen und unter den abgekühlten Milchreis heben.
- Sahne steif schlagen und ebenfalls vorsichtig unterheben.
- In Schälchen füllen und mit Kirschkompott servieren.

KARTOFFELKROKETTEN AUF CREMIGER ZWIEBEL-KÄSE-SOSSE

600 g TK-Kartoffelkroketten
500 ml Sojadrink
1 Pck. veganes Zwiebelsuppenpulver
(Tütensuppe)
30 g vegane Butter
3 TL Mehl
150 g veganer Frischkäse
100 g geriebener veganer Käse
Schnittlauchröllchen zum Servieren

- Backofen auf 200 °C Ober-/Unterhitze vorheizen.

- Kroketten auf ein Backblech geben und 20 Minuten im Ofen backen.

- In der Zwischenzeit Sojadrink und Suppentütenmix in einer Schüssel verrühren.

- Vegane Butter in einem kleinen Topf schmelzen.

- Mehl einrühren und 1 Minute unter Rühren köcheln lassen.

- Topf vom Herd nehmen und Sojamischung und Frischkäse unterrühren. Dann Topf wieder auf den Herd stellen und Soße bei mittlerer Hitze unter Rühren 3 Minuten köcheln lassen, bis sie eindickt.

- Soße in eine Auflaufform (ca. 20 × 30 cm) gießen und Käse darüberstreuen.

- Kroketten darauf verteilen und Auflauf 15 Minuten im Ofen backen.

- Vor dem Servieren mit Schnittlauch bestreuen.

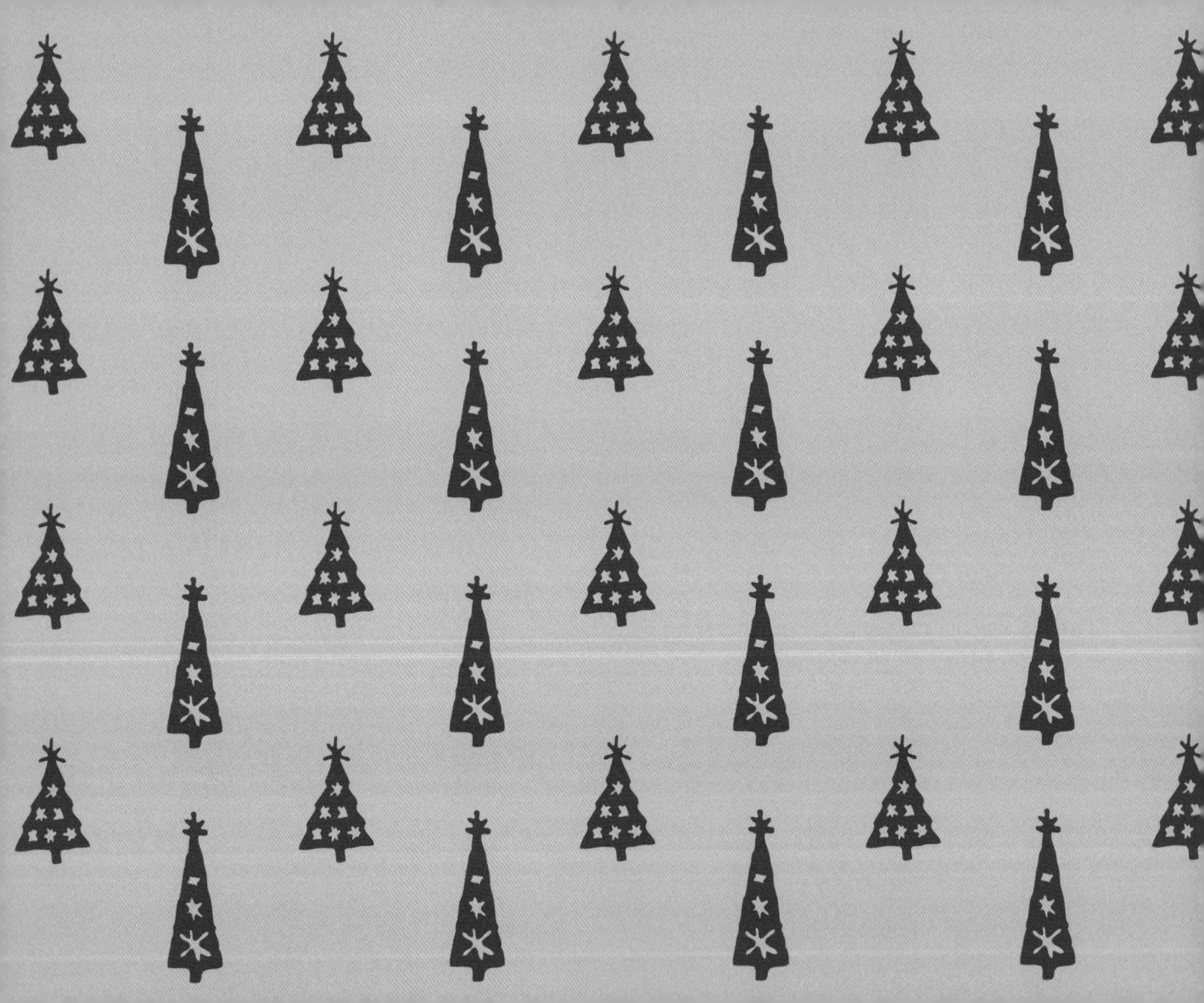

MASCARPONE-MARONEN-CREME

200 g Vollmilchschokolade
400 ml Milch
1 Pck. Vanillezucker
300 g Maronen, vorgegart
300 g Mascarpone
200 g Sahne
2 EL Puderzucker

DEKORATION
4 Salzbrezeln, halbiert
4 rote Schokoladenlinsen
8 braune Schokoladenkugeln

Schokolade in grobe Stücke brechen. Die Milch mit dem Vanillezucker unter Rühren erhitzen. Maronen zufügen und 20 Minuten köcheln lassen, dann pürieren. Schokolade zugeben und unterrühren. 100 g Mascarpone unterrühren. Die Masse in 4 Gläser füllen und abkühlen lassen.

Sahne mit Puderzucker steif schlagen, 200 g Mascarpone unterrühren.

Die Mascarponecreme auf die Gläser verteilen und mindestens 1 Stunde kühlen.

Mit Salzbrezeln, Schokoladenlinsen und Schokoladenkugeln dekorieren.

Bibliografische Information der Deutschen Nationalbibliothek
Die Deutsche Nationalbibliothek verzeichnet diese Publikation in der Deutschen Nationalbibliografie.
Detaillierte bibliografische Daten sind im Internet über https://dnb.de abrufbar.

Für Fragen und Anregungen
info@m-vg.de

Originalausgabe
1. Auflage 2024
© 2024 by riva Verlag, ein Imprint der Münchner Verlagsgruppe GmbH
Türkenstraße 89
80799 München
Tel.: 089 651285-0

Umschlaggestaltung: Manuela Amode
Umschlagabbildungen und Abbildungen Innenteil: Patrick Rosenthal
Layout: Manuela Amode
Satz: Inpunkt[w]o, Wilnsdorf (www.inpunktwo.de)
Druck: Livonia Print, Riga, Lettland
Printed in the EU

ISBN Print 978-3-7423-2761-1

Weitere Informationen zum Verlag findest du unter

www.rivaverlag.de

Beachte auch unsere weiteren Verlage unter www.m-vg.de